Pour Harmony, Marty, Arsène et tous les autres.

Numéro du livre dans la collection :

Textes de Bernard Brunstein

© Bernard Brunstein pour les illustrations - http://peinturedebernard.over-blog.com/

ISBN : 9782322108145

Conte pour enfants de
Bernard Brunstein

La barbe du père Noël

Comme chaque année en ce mois de décembre, l'activité au pays du père Noël était à son comble. Heureusement, il était bien entouré: les nains aux ateliers de fabrication des jouets, les rennes pour son traineau et surtout, il avait un sac magique qui pouvait s'adapter et devenir très gros pour transporter tous les jouets pour les enfants sages.

Quelques temps avant la nuit de Noël, le père Noël lui donna la liste des enfants sages. Le sac alla voir les nains dans leur atelier et grâce à eux, il se remplit.
La tache était longue, car il ne fallait oublier personne et le sac mettait un point d'honneur à satisfaire la confiance du père Noël.

La nuit était proche. Le sac, rempli de tous les jouets, était installé dans le traineau, attendant l'heure du départ. Les rennes piaffaient d'impatience, mais le renne au nez rouge savait les calmer.

Enfin, le soleil se coucha. Il était temps de partir. Le père Noël aux commandes de son traineau pris la route du ciel. Il suivit les étoiles sous l'éclairage lunaire.

A chaque maison, il donnait au sac le nom de l'enfant et le jouet à distribuer. La nuit allait bientôt finir et le sac était vide. Quand le père Noël dit: « C'est le dernier, il s'appelle Marty et pour lui, c'est un tambour. »

Le sac, pris de panique, chercha jusqu'au fond le jouet demandé, mais rien !

« Père Noël, je n'ai plus de jouets. » dit le sac.

« Que me dis-tu? Cherche bien » dit le père Noël.

« Je me suis complètement retourné et je ne trouve rien. » répondit le sac.

« On ne peut pas laisser ce petit Marty sans jouet. Il va falloir rentrer à l'atelier et j'ai peur de ne pas en avoir le temps. Allons-y ! » décida le père Noël.

Le sac était malheureux, il s'en voulait. Pourtant, il avait tout vérifié avant de partir.

Sur le chemin du retour, il s'écria :
« Là, père Noël, regardez sur le petit nuage. »
Le père Noël se tourna et vit le tambour demandé par Marty, accroché au petit nuage.

Il s'approcha et demanda au petit nuage : « Comment se fait-il que ce jouet soit en ta possession ».

Le petit nuage couvert de larmes de pluie avoua :

« Je l'ai pris quand vous êtes passé. Personne ne m'apporte de cadeau, pourtant je suis sage. J'arrose les plantes comme on me le demande et je reste tout blanc pour ne pas faire peur aux enfants. »

« Attends-nous ici » dit le père Noël. Le cadeau fut déposé au pied de l'arbre de Marty. Puis, il prit le chemin du retour.

En repassant, le père Noël dit au petit nuage: « Accroche-toi à moi et viens avec nous.»

Et c'est comme ça que depuis cette nuit de Noël, le père Noël a une superbe barbe blanche.

Du même auteur

Trois contes pour enfants de
Bernard Brunstein
Illustrations Bernard brunstein

LES CONTES DE LA LUNE

* La lune et l'enfant
* L'allumeuse d'étoiles
* Whaouuu le bébé loup

Histoires pour enfants de
Jacqueline Poccard
Illustrations de Bernard Brunstein

Histoires pour endormir Les enfants sages

Conte pour enfants de
Bernard Brunstein
Illustrations Bernard brunstein

WRAROU Le Lion

Histoires pour enfants sages
Illustrations B Brunstein

Marcel et Rosalie

Marguerite et le Coquelicot

Le Petit Nuage

Le Papillon

Contes pour enfants de
Bernard Brunstein
Illustrations de Yanpetro Kavlan

Les renardeaux et la pie

Conte pour enfants de
Bernard Brunstein
Illustré par l'auteur

Le Lit d'Harmony

Conte pour enfants de
Bernard Brunstein
Illustré par l'auteur

C'est moi! L'abeille

Histoire et illustrations
de Bernard Brunstein
sur une idée d'Yvonne Netz

Le Dinosaure

Conte pour enfants de
Bernard Brunstein
Illustré par l'auteur

Une Araignée

Conte pour enfants de
Bernard Brunstein
Illustré par l'auteur

Les Aventures de Piou.....le petit oiseau

Editeur : BoD-Books on Demand, 12/14 rond point des Champs Élysées, 75008 Paris, France
Impression : BoD-Books on Demand, Norderstedt, Allemagne
ISBN : 9782322108145
Dépôt légal : décembre 2018